Professor

Kalauer's

ausgewählte

musikalische Schriften

Mit vielen Bildern der Zeit

9. Auflage 1973, 42.–46. Tausend

ISBN 3 7765 0044 1

Erstauflage März 1955 Nr. 227 im Ernst Heimeran Verlag München

Auszüge auf Anfrage.

Satz und Druck: Bartels & Co., München

Gebunden bei Conzella, München

Kleines Musik-Lexikon

Adam, der erste aller Musiker. Seine Schicksale sind in der Bibel ausführlich erzählt. Von seinen Opern hatte der „Postillon von Lonjumeau" den größten Erfolg.

Affe (lat. Simia oder Pithecus), ist bisher von sämtlichen Musik-Wörterbüchern mit Stillschweigen über-

gangen worden. Dies ist um so ungerechter, als wir ihm die Erfindung des vierhändigen Spiels verdanken, worin er allein durchschnittlich ebensoviel leistet als zwei Menschen zusammen.

Bach, Johann Sebastian, verdankt seinen Ruf hauptsächlich dem glücklichen Zufall, daß er den Auftrag erhielt, zu der brühmten Gounodschen Melodie „Ave Maria" die Begleitung zu schreiben. In unbegreiflicher Selbstüberschätzung gab er letztere ohne die Melodie als sogennantes Präludium mit anderen Stücken zusammen unter dem Titel „Wohltemperiertes

Klavier" heraus. Er hinterließ zahlreiche Söhne, welche gleichfalls Bach hießen.

Badarzewska, Thekla. In der gesamten Musik-literatur aller Zeiten und Völker gibt es wohl kein Werk, das sich einer gleich tiefen und weitreichenden Wirkung rühmen könnte, wie das „Gebet einer Jung-frau" von Thekla Badarzewska. Was sage ich — e i n e r Jungfrau! Zehntausend Jungfrauen strömen täglich ihr Herz, da, wo es am innersten ist, in diesem Gebete aus. Gewiß, auch die „Klosterglocken" rührten mit ihrem reizenden Gebimmel vieler Menschen Herz, auch „Die kleine Fischerin" warf eine Zeitlang ihre Netze nicht umsonst aus; aber v o r ihnen w a r und n a c h ihnen wird sein das „Gebet einer Jungfrau". Und wie einfach erhielt dieses unvergleichliche Werk jene mächtige

Wirkung, die wir tagtäglich an uns erfahren: Da ist kein Prunken mit Geist, kein Haschen nach Originalität, keine Häufung rhythmischer oder harmonischer Pikanterien — da ist eben nur die eine Thekla Badarzewska! Gebet der Jungfrau was der Jungfrau ist!

Brahms, J o h a n n e s , beliebter Tanzkomponist des 19. Jahrhunderts. Durch seine „Ungarischen Tänze" berühmt geworden, siedelte er nach Wien über, wo er für seine Spezialität den geeignetsten Boden fand und zahlreiche Walzer schrieb. Er versuchte sich daneben auch in anderen Gattungen wie Sinfonien, Gesang- und Klavierwerken. Doch läßt sich nach diesen nur schwer tanzen.

Beethoven, L u d w i g v a n . Gab leider seiner Oper „Fidelio", deren Ouvertüre er übrigens nicht weniger als viermal umschreiben mußte, ehe etwas halbwegs

krankhafte Erscheinung im Kehlkopfe der Tenoristen. Brauchbares zustande kam, einen auf Täuschung des Publikums berechneten Titel. Der Inhalt des Stückes ist nämlich durchaus nicht sehr fidel. Ebenso schmeichelte er der großen Menge, die nicht nach dem inneren Werte, sondern zuerst nach dem billigen Preise fragt, durch eine „Kreutzer"-Sonate.*)

C, h o h e s, eine noch vielfach nicht richtig erkannte Sehr merkwürdig ist die intermittierende Natur des Übels. Der Patient kann sich oft viele Takte lang ganz wie ein vernünftiger Sänger befinden, er denkt an nichts Böses, das Publikum plaudert harmlos — da plötzlich fühlt er sein hohes C, es treibt ihn mit unwiderstehlicher Gewalt bis ganz vorn an die Rampe, und von Schmerz

*) Wie sich neuerdings herausgestellt hat, ist auch dies Machwerk nicht einmal von ihm, sondern von dem russischen Komponisten Tolstoi.

10

überwältigt, brüllt er es in die schreckensstarre Menge hinein. Bei dieser entstehen sofort Reflexbewegungen, sie brüllt wieder, gerät in krampfhafte Zuckungen, die Hände schlagen klatschend zusammen, in schweren Fällen tritt sogar Füßetrampeln ein.

Czerny, C a r l , ein Mann von boshafter Gemütsart, der keine kleinen Kinder leiden konnte und deshalb beständig Etüden schrieb. Seit seinem im Jahre 1 8 5 7 erfolgten Tode ist man mit der Zählung dieser Etüden beschäftigt, aber noch nicht damit fertig geworden. Diese fabelhafte Fruchtbarkeit erklärt sich nur durch seine unglaubliche Fingerfertigkeit in der Komposition. Natürlich sind fast alle seine Noten nach oben gestrichen, da er stets Hals über Kopf arbeitete.

Dilettant, Musik l i e b h a b e r — im Gegensatz zum Musiker vom Fach, dem die Musik oft sehr gleichgültig ist. Bei der ungeheuren Menge der vorhandenen Dilettanten kommen alle möglichen Spielarten der Musikliebe vor. Am meisten geschätzt, aber leider selten, ist der Dilettantismus platonicus, der sich damit begnügt, die Geliebte aus der Enfernung eines, bisweilen sogar bezahlten, Konzertplatzes, anzuschmachten, ohne sich an ihr instrumental zu vergreifen. Beim Dilettantismus manualis und vocalis dagegen lösen sich alle Bande frommer Scheu. Er verübt seine Attentate mit Tonwerkzeugen, von denen das Klavier (s. d.) und der Sopran die gefährlichsten sind.

Dirigent, D e r , nimmt in Orchester-Konzerten seit einigen Jahrzehnten eine gänzlich geänderte Stellung ein. Während er früher das Orchester hinter sich hatte

und beim Dirigieren abwechselnd die Partitur und das
Publikum betrachtete, pflegt er jetzt nach der Verbeu-
gung den Zuhörern die Kehrseite der Medaille zu zeigen. Die Folgen sind natürlich nicht ausgeblieben. Das
Publikum, das sich dem Auge des Gestrengen und seinem Stocke nicht mehr ausgesetzt sieht, ist gänzlich
verwildert. Es kommt zu spät und geht zu früh, es
flüstert und fächert, es kokettiert, sofern es weiblich ist,
mit den Geigern und liebäugelt mit den Cellisten, kurz,
es treibt allen erdenklichen Unfug. Unter diesen Um-

ständen gelingt es nur dem genialsten Dirigenten, zugleich das Orchester und das Publikum gehörig in Raison zu halten. Nebenher hat er nämlich die Aufführungen zu leiten und die gespielten Werke bis ins Einzelne pantomimisch wiederzugeben, namentlich aber muß er in altbekannten Kompositionen so zahlreiche und fein ersonnene Nuancen anzubringen wissen, daß die Kritik rühmen kann, man habe ein ganz neues Werk zu hören geglaubt. Hier ist noch ein dankbares Feld für junge Talente, und wer weiß, ob nicht der geniale Künstler schon geboren ist, der dereinst die Klassiker so dirigieren wird, daß kein Mensch sie wiedererkennt.

Diva, die göttliche Herrscherin im Reiche des Gesanges. Sie teilt von Ihrem erhabenen Standpunkte herab die Musik ein in solche, die Ihr „liegt" und andere, an der Ihr nichts liegt. Mit Ihrer Hilfe verwandelt sich gemeines musikalisches Blech in Gold.

Fortepiano. Siehe P i a n o f o r t e.

Fugen werden am besten alt gekauft, vor neueren Nachahmungen wird gewarnt. Im ganzen nur für Ken-

ner. Will man als solcher erscheinen, so sehe man beim Vortrag einer Fuge ernsthaft und, wenn irgend möglich, sehr aufmerksam aus. Bei einiger Übung merkt man auch die Eintritte des Themas, und es macht einen sehr gelehrten Eindruck, wenn man dann jedesmal mit dem Kopfe nickt. Jedoch hüte man sich hier vor Übertreibung, da beständiges Nicken während der Musik verdächtig ist. Die Oratorien-Komponisten bedienen sich sehr wirksam der Fuge am Schlusse ihrer Werke, um dem Publikum rechtzeitig das Zeichen zum Aufbruch nach der Garderobe zu geben. Hiernach bedarf es keiner weiteren Erklärung, daß das Wort Fuge von dem lateinischen fuga, Flucht, herstammt.

Geige. Siehe besondere Abhandlung auf Seite 33 ff.

Gounod, C h a r l e s , französischer Komponist, hat sich ein bleibendes Verdienst um die deutsche Kunst erworben, da er nicht nur B a c h (s. d.), sondern auch G o e t h e beschäftigte; diesem gab er durch seine Oper „Faust" die Idee zu einem Theaterstück gleichen Namens, das hier und da nicht ohne Beifall aufgeführt wird. Um die Nachahmung zu vertuschen, wird die Gounodsche Oper in Deutschland stets unter dem Titel „Margarete" gegeben. Wie wenig aber Goethe imstande war, selbständig zu schaffen, zeigt sein Versuch, das Drama fortzusetzen, ein Versuch, der, in Ermangelung eines Gounodschen Vorbildes, bekanntlich völlig gescheitert ist.

Händel suche man in diesem der friedlichen Kunst gewidmeten Werke nicht.

Haydn, Mozart und **Beethoven** bilden die sogenannten K l a s s i k e r . Man erkennt sie daran, daß sie länger als fünfzig Jahre tot sind. Infolgedessen haben ihre Kompositionen den ungemeinen Vorzug, in den wohlfeilen Ausgaben zu erscheinen und werden von Vätern, die an den Musikunterricht ihrer Sprößlinge nicht viel wenden können, nach Billigkeit geschätzt. Diese Freude wird nur dadurch beeinträchtigt, daß die Klassiker eine unbezwingliche Neigung hatten, überwiegend Sonaten und Sinfonien zu schreiben.

Einige Epigonen, wie S c h u b e r t, M e n d e l s - s o h n, C h o p i n, S c h u m a n n haben den Klassikern den Kniff, länger als fünf Jahrzehnte tot zu sein, abgeguckt und sind also gleichfalls sehr billig. Man nennt sie zur Unterscheidung von jenen R o m a n - t i k e r.

Klatschen bedeutet, daß man sich gut unterhalten hat; es soll sich davon herschreiben, daß viele Leute sich immer gut unterhalten, wenn sie — klatschen.

Klavier. Siehe F o r t e p i a n o.

Klavierschule. Wie schon Goethe bemerkt hat, wollen manche Kinder sich nie zur Schule bequemen. Das galt auch von den Klavierschulen, bis sich Theodor S t e i n g r ä b e r entschloß, diesem Übel einen D a m m entgegenzusetzen.

Konzert-Agent, eine jene neueren Errungenschaften, bei deren Betrachtung man sich halb verwundert, halb mitleidig fragt, wie es früheren Jahrhunderten möglich gewesen ist, ohne sie auszukommen. Er ist die Seele des modernen Musiklebens, und ohne seine rastlose Tätigkeit käme sicher nicht ein Viertel aller Konzerte zustande. Nur mit Grauen vermag man sich das vorzustellen.

Liszt, F r a n z, der rechte Flügelmann unter den Flügel-Männern, zerfällt wie jeder große Künstler in drei Perioden, nämlich die erste, die zweite und die

dritte. Unter seinen zahlreichen Schülern war sein
L i e b l i n g s s c h ü l e r bei weitem der zahlreichste.

Mascagnitis, eine aus Italien eingeschleppte, an-
steckende Krankheit, der zahlreiche junge Komponisten
zum Opfer fallen. Der Krankheitserreger ist gewöhnlich
die schon vielen gefährlich gewordene **Cavalleria rusti-
cana**; der Anblick des Klavierauszuges genügt meist,
um einen Anfall der M. hervorzurufen. Sie pflegt sehr
heftig in Gestalt einer neuen Oper auszubrechen, die

in leichteren Fällen einaktig ist, aber selten ohne Ehebruch, Ohrenreißen, Überreizung des nervus rhythmicus und harmonicus, Mord und Totschlag verläuft. Die Heilung des Patienten erfolgt in der Regel erst nach einem tüchtigen Durchfall.

Melodie oder Weise, ist am einfachsten von Schopenhauer erklärt worden. Danach erzählt sie die Geschichte des von der Besonnenheit beleuchteten Willens.

Meyerbeer, G i a c o m o , berühmter Opernkomponist, obwohl er es eigentlich nicht nötig hatte. Sein musikalisches Vermögen legte er nicht immer in ganz reinlichen Effekten an, verwendete aber einen Teil seines irdischen Reichtums hochherzig dazu, junge aufstrebende Talente zu fördern. Er nahm sich u. a. der von der Kunst bisher unbarmherzig ausgeschlossenen Ziege an und überwies ihr in seiner „Dinorah" eine hervorragende Rolle, die sie auch mit Begleitung von zwei Hörnern glänzend durchführte. Sein „Prophet" unterscheidet sich von den anderen dadurch, daß er auch in seinem Vaterlande etwas gilt. Meyerbeer wurde frühzeitig kahl, da seine Gegner, namentlich Robert S c h u m a n n und Richard W a g n e r, kein gutes Haar an ihm ließen.

Patti, A d e l i n a , Sopranistin ersten Ranges, berühmt durch ihre hohen Töne, die nur durch ihre Eintrittspreise übertroffen wurden.

Pausen müssen genau ausgehalten werden. Für die Zuhörer sind sie oft leichter auszuhalten als die Musik.

Pianoforte. S i e h e K l a v i e r.

Reger, M a x, Vorläufer der Modernen, kann als derjenige Tonsetzer gelten, in dem sich die polyphone Kompositionsweise am glänzendsten verkörpert. Zwar finden sich ganz beachtenswerte Ansätze zu selbständiger Führung der Einzelstimmen immerhin schon bei Bach und älteren Meistern. Indessen ist es diesen noch keineswegs gelungen, dabei einen gewissen Wohlklang in der wünschenswerten Weise zu vermeiden. Das erklärt sich einfach daraus, daß dort beim Zusammentreffen der Stimmen nur selten Dissonanzen, hingegen meist die leidigen Akkorde entstehen, an denen frühere Geschlechter sonderbarerweise Gefallen fanden. Ja, sogar die sagenhaften Dreiklänge, von denen uns unsere Altertumsforscher berichten, sollen früher selbst bei angesehenen Tonsetzern wirklich vorgekommen sein! Wie nahe lag es scheinbar, das Geheimnis der wahren Polyphonie zu entdecken, nämlich die Stimmen so zu führen, daß ausschließlich Dissonanzen zustande kommen. Und doch war es erst dem Reger, Debussy, Schönberg und den anderen Musikheroen unserer begnadeten Zeit vorbehalten, dieses Kolumbus-Ei zu legen! War man vordem sorgsam darauf bedacht, die D i s s o - n a n z e n a u f z u l ö s e n, so hat man inzwischen gelernt, daß es vielmehr darauf ankommt, d i e H ö r e r möglichst rasch ihrer Auflösung entgegenzuführen. Auch die sogenannte M o d u l a t i o n, d. h. der Übergang von einer Dissonanz zur anderen, vollzieht sich jetzt unter Vermeidung aller überflüssigen Leittöne in der schmerzlosesten Weise. So gut wie ganz beseitigt ist endlich der Begriff der T o n a r t, mit dem früher so viel Unfug getrieben wurde. Konnte es doch vorkommen, daß man bei einem Adagio noch in derselben Tonart erwachte, in der man mehrere Takte vorher eingeschlummert war. Das widerwärtig banale Gefühl einer Tonalität kann bei einem wahrhaft modernen Werk überhaupt nicht mehr aufkommen, da von Note zu Note ein Wechsel der Disharmonie eintritt. Leider ist das schwierige Problem, das unsere strebsamsten Komponisten zur Zeit beschäftigt, bisher noch nicht gelöst, nämlich den Dissonanzenwechsel schon innerhalb derselben Note zu bewerkstelligen.

Rossini G i o a c h i n o, weltbekannt durch seine von sprudelnder Heiterkeit erfüllten Kirchen-Kompositionen. Einer ernsteren Richtung gehören seine Opern an, von denen „der Barbier" den meisten Erfolg gehabt hat. Der undankbare Figaro aber bestellte trotzdem die Musik zu seiner Hochzeit nicht bei Rossini, sondern bei Mozart.

Rubinstein, A n t o n, bedeutender Komponist und Pianist, schrieb und spielte zahlreiche Werke aller Gattungen. Von seinen Sinfonien gefiel ihm am besten die Ozean-Sinfonie. Klein angelegt — sie war ursprünglich nur auf zehn bis zwölf Sätze berechnet — wuchs sie durch die Fürsorge des Komponisten beständig und hätte mit der Zeit ein den Winter füllendes Werk werden können, wenn R. nicht vorher gestorben wäre. Durch seinen kräftigen Flügelschlag war Rubinstein der Schrecken aller Klavierbauer, obwohl er an einem Abend selten mehr als zwei bis drei Instrumente erschlug.

Scarlatti, D o m e n c i o, war im Gegensatz zu seinem Vater A l e s s a n d r o, einem der fruchtbarsten Komponisten, so arm an Erfindungen, daß er sich eine Katze hielt, die er über die Klaviatur jagte, wenn er ein neues Thema brauchte. Auf diese Weise kostete ihn jedes Stück eigentlich nur einen Katzensprung.

Schubert, F r a n z, der Komponist des berühmten „Schubert-Albums" für hohe, mittlere und tiefe Stimme. Sein Opus 1, „Der Erlkönig", zeigt bereits ein ganz nettes Talent. Von seinen späteren Liedern sind mehrere sehr populär geworden. So dasjenige, welches die hübsche Episode behandelt, wie ein unglückseliges Weib ihren Liebhaber in der Nähe eines einsamen Fischerhauses mittels einiger Tränen vergiftet. Die Sch. nachgerühmte unerschöpfliche Melodienfülle erscheint nach der neueren Forschung in etwas zweifelhaftem Licht: er hat nämlich seine schönsten Melodien einem alten, erst kürzlich wieder aufgefundenen Singspiel, dem „Drei Mäderlhaus", entlehnt. — Was Schuberts Instrumental-Kompositionen betrifft, so wird es für alle

Zeiten erstaunlich bleiben, wie er in einem so kurzen Leben so außerordentlich lange Sätze schreiben konnte.

Smetana, F r i e d r i c h, böhmischer Komponist, hinterließ außer einer „Verkauften Braut" nicht weniger als „Zwei Witwen." Man mag hieraus auf die von ihm verübten zahlreichen Jugendstreiche schließen. Zu seiner musikalischen Selbstbiographie „Aus meinem Leben" wählte er deshalb bezeichnenderweise die Form des Streichquartetts.

Strauß, ö s t e r r e i c h i s c h e K ü n s t l e r d y - n a s t i e. Um den ewigen Verwechslungen der verschiedenen Sträuße durch eine einfache und klare, zum Auswendiglernen geeignete Darstellung des Sachverhalts ein für allemal ein Ende zu machen, sei bemerkt, daß der Vater, J o h a n n, von seinen jüngeren Söhnen J o s e p h und E d u a r d schon durch den Vornamen leicht zu unterscheiden ist, was bei dem ältesten, der

ebenfalls J o h a n n heißt, zwar schwieriger, aber glück-
licherweise auch nicht nötig ist, da er ihm gar nicht
ähnlich sah, bei weitem jünger war und zudem sich noch
bis 1 8 9 9 des Lebens erfreute, während jener schon
1 8 4 9 starb, als Joseph und Eduard erst 22 und 14 Jahre
zählten, so daß er sein berühmtes Tanzorchester i h m
hinterließ, welcher es aber später seinen Brüdern über-
gab, damit diese gleichfalls mit ihm verwechselt werden
könnten, während er sich von der Tanzkomposition
mehr der Operette zuwandte, um ungehinderter die
beliebtesten Walzer und Polkas schreiben zu können,
was auch j e n e beiden, im Wetteifer mit ihm und dem
Vater taten, ohne jedoch gleich große Erfolge zu erzie-
len wie d i e s e beiden, w e l c h e beiden mit Recht
die beiden Walzerkönige heißen. Es ergibt sich hieraus
ohne weiteres, daß auch der berühmte „Donauwalzer"
nicht von ihm, sondern von dem anderen Johann
Strauß komponiert ist.

Strauß, Richard, ist gleichfalls mit keinem anderen Strauß zu verwechseln, nachdem er in seiner „Sin-

F. Jüttner

fonia domestica" seine etwas verwickelten Familienverhältnisse vollkommen klargelegt hat.

Tempo, (ital.), Zeit, also eine Sache, die heutzutage niemand hat. Wenn man bedenkt, wie kurz das Leben ist, so muß man billig über die Gemütsruhe der Musiker staunen, die noch immer Zeit finden, Adagios zu spielen. Viele Virtuosen haben allerdings schon in löblicher Weise angefangen, die langsamen Tempi zu beschleunigen; die Sache muß aber systematisch betrieben werden; langsame Stücke sind rasch, rasche noch rascher zu spielen. Die Programme müßten natürlich zeitgemäß umgestaltet werden und etwa folgende Form erhalten:

> B e e t h o v e n , Dreiunddreißig Veränderungen über einen Walzer von Diabelli (alle verschieden!) — soweit der Vorrat reicht, das Dutzend in fünf Minuten.

> S c h u b e r t , Winterreise — früher im Bummelzug, jetzt im Schnellzug.

> C h o p i n , Des-dur-Walzer — früher eine Minute, jetzt nur eine Sekunde.

Unser ganzes altersmüdes Musikwesen würde einen frischen Aufschwung nehmen: z. B. ein C h o p i n - Abend, an dem sämtliche Werke des genialen Polen zum Vortrag kämen. Bei Konzerten gewöhnlichen Umfanges hätte das Publikum den nicht zu unterschätzenden Vorteil, schon um 8½ Uhr zum Abendbrot entlassen zu werden; ja, es wäre vielleicht sogar der Fall denkbar,

daß es nach einer Aufführung der ungekürzten „Meistersinger" noch lohnen würde, sich zu Bett zu legen.

Text. Ist bei den Saaldienern zu haben. Wer gute Augen hat, guckt in den Text des Nachbarn. Das Publikum liest ihn w ä h r e n d der Aufführung, der Kritiker n a c h ihr. Das einzige Instrument, womit sich das Publikum am Konzert beteiligen kann. Das Knittern wird leider neuerdings von mißgünstigen Unternehmern durch Anwendung weichen, ungeleimten Papiers verhindert.

Tonleiter, diejenige Leiter, auf deren Sprossen die musikalischen Kletterkünste geübt werden. Je nachdem man dabei h a r t (lat. durus) oder w e i c h (lat. mollis) fällt, unterscheidet man D u r - und M o l l -Tonleiter; ergeben sich blaue Flecke, so hat man die c h r o m a - t i s c h e Tonleiter (griech. chroma, die Farbe).

Urteil zu haben, ist eigentlich nur Sache der Kritiker. Diese beeilen sich jetzt auch mit ihren Berichten über den Abend dermaßen, daß das Publikum bereits am

anderen Morgen aus der Zeitung erfährt, was ihm gefallen hat und was nicht. Wird man aber genötigt, schon vorher ein Urteil abzugeben, so lobe man nie ohne Einschränkung. Bei neuen Kompositionen kann man z. B. unbedenklich Anklänge an W a g n e r und S t r a u ß in der Instrumentation, sowie Mangel an originaler Erfindung bemerken. Bei Geigern und Sängern finde man, daß nicht alles rein war, indem man sagt, es fehle an der Intonation. Von einem berühmten Künstler finde man gelegentlich, er habe keinen guten Tag gehabt. Ist große Technik vorhanden, so vermisse man Innerlichkeit und Beseelung im Ausdruck. Will man gar nichts wagen, so erzähle man, wie man dasselbe Stück von B ü l o w, d'A l b e r t, J o a c h i m, N i e -

m a n oder wer sonst paßt, gehört habe (NB. Man ver-
wechsle die Instrumente und Stimmlagen nicht!) und
wie das doch ganz anders gewesen sei. Fleißiges Lesen
der Zeitungen wird leicht eine Reihe geeigneter Wen-
dungen ins Gedächtnis einprägen, die, geschickt ange-
bracht, in kurzem den angenehmen Geruch der Kenner-
schaft erzeugen.

Virtuos zu werden ist heutzutage weniger empfehlens-
wert. Bei der Überfüllung der Laufbahn verdienen die
meisten Künstler anscheinend noch nicht einmal so viel,
daß sie sich die Haare schneiden lassen können. Am
meisten Aussicht haben die Geiger, etwas zusammenzu-
kratzen.

Wagner, R i c h a r d , hat außer seinen sämtlichen
Werken auch die nach ihm benannten Wagnerianer hin-
terlassen, was nicht schön von ihm war. Diese wissen

ganz genau, was sich der Meister bei jeder Note, ja sogar bei den Pausen in seinen Kompositionen gedacht hat, und erklären dies auch Andersgläubigen mit der größten Bayreuthwilligkeit. Bei der Instrumentation leitete W a g n e r das menschenfreundliche Streben, die Musik auch den Schwerhörigen zugänglich zu machen.

Weber, K a r l M a r i a v o n , hatte sehr große Hände, durch die er sich verleiten ließ, in seinen Klavierstücken mit Dezimenspannungen um sich zu werfen. Sonst recht talentvoll, besonders für die Oper. Unbegreiflich bleibt nur, daß er in seinen „Freischütz" eine so abgedroschene Melodie wie den „Jungfernkranz" aufnehmen konnte.

Wunderkinder, M u s i k a l i s c h e , sind Kinder im Alter von zwei Monaten bis zu achtzehn Jahren, daher außerordentlich selten und sehr geschätzt.

Zukunftsmusik, eine von Richard W a g n e r eingeführte Bezeichnung für Musikstücke, in denen ältere

Komponisten Motive verwenden, die W. sich selbst für zukünftige Werke vorbehalten hatte. So beginnt M e n - d e l s s o h n seine Ouvertüre zur schönen Melusine mit dem Wellenmotiv aus dem zukünftigen Rheingold, seine a-moll-Sinfonie mit einem der schönsten Motive der nicht minder zukünftigen Walküre. Selbst der sonst so brave Franz S c h u b e r t konnte der Versuchung, Zukunftsmusik zu machen, nicht widerstehen, er vergriff sich gleichfalls an den vielgeprüften Nibelungen, indem er das Schmiedemotiv dem Scherzo seines d-moll-Quartetts zugrunde legte. Wenigstens besaß er aber das Schamgefühl, dieses Werk erst nach seinem Tode drucken zu lassen.

Traktat über die Geige

Die Geige oder Violine wird von einigen Gelehrten wegen der vier deutlich erkennbaren Wirbel an ihrem Halse zu den Wirbeltieren gezählt, jedenfalls aber im Hinblick auf die regelmäßig an ihr vorkommende Schnecke und auf den Frosch des Geigenbogens dem Tierreich zugerechnet, wozu auch die eigentümlichen Töne verleiten können, die ihr vielfach entlockt werden. Trotz alledem sind wohl diejenigen im Recht, die sie als musikalisches Instrument ansehen.

Die Geige ist fast so verbreitet wie das mit Recht so beliebte Klavier. Während dies aber eins der schwersten Instrumente ist, kann die Violine bequem mit einer Hand gehoben werden. Die Geigen sehen alle ziemlich gleich aus; um sie voneinander zu unterscheiden, gibt man ihnen allerlei wohlklingende Namen wie Amati, Stradivari usw. Die feineren Sorten sind, wie bei den Stiefeln, am Lack zu erkennen. Man unterscheidet auch echte und unechte Geigen; die echten sind häufig unecht, die unechten aber immer echt.

Die Geige ist mit vier S a i t e n bespannt und widerlegt damit den Satz, daß jedes Ding zwei Seiten hat. Die Saiten werden aus Därmen hergestellt; die besten kommen aus Darmstadt. Die vierte Saite heißt Quinte, vom lateinischen Quintus, der Fünfte. Diese ist am stärksten gespannt und platzt deshalb am häufigsten, was namentlich im Konzert während eines zarten Adagios nie seine Wirkung verfehlt. Wenn man gerissene Saiten aus Sparsamkeit wieder zusammenknüpft, so empfiehlt es sich nicht, die Knoten gerade über dem Griffbrett anzubringen.

Etwa in der Mitte der Geige erhebt sich der sogenannte S t e g ; rechts und links von ihm befinden sich die F - L ö c h e r, deren Zweck schwer einzusehen ist, denn größere Gegenstände lassen sich kaum durch sie in das Innere der Geige befördern. Es ist aber auch nicht zu empfehlen, etwa Geldstücke, Knöpfe, Haarlocken oder dergleichen hineinzuwerfen, weil man sie schwer wieder herausbekommt und sie auch beim Spielen den Ton des Instrumentes nicht wesentlich verbessern. Am besten verzichtet man auf die Ausnutzung des Innenraumes ganz. Eine der schwierigsten Aufgaben der Geigentechnik ist es, ein Brotkügelchen so durch das eine F-Loch zu pusten, daß es zum anderen wieder hinausfliegt. Dies soll selbst Paganini nur ganz selten gelungen sein.

Wie bereits angedeutet, kann die Geige auch zur Erzeugung musikalischer Töne benutzt werden. Zu diesem Zwecke werden die Saiten mit Pferdehaaren gestrichen, die an dem sogenannten G e i g e n b o g e n befestigt sind. Man reibt sie vorher mit einem Stück K o l o p h o n i u m ein, das man sich von einem anderen Geiger borgt. Hat man seinen Bogen vergessen oder versetzt, so kann man die Saiten auch mit dem Finger zupfen, wodurch das sogenannte P i z z i k a t o entsteht. Sind Kranke in der Nähe, so dämpft man den Ton der Geige durch Aufsetzen der S o r d i n e, die man zu diesem Zwecke aus der rechten Westentasche nimmt.

Man hat schon seit längerer Zeit bemerkt, daß man

auch andere Töne als die der leeren Saiten hervorbringen kann, wenn man diese mit den Fingern der linken Hand an geeigneten Punkten auf das Griffbrett drückt. Davon wird ziemlich häufig Gebrauch gemacht, und der angehende Geiger tut gut, sich jene Punkte zu merken. Allzu ängstlich braucht er dabei nicht zu sein, denn in der Umgegend liegen auch überall Töne, und diese sind namentlich für das sehr verbreitete, sogenannte u n - r e i n e Spiel von größter Wichtigkeit. Ist man zu schwach oder nicht dazu aufgelegt, die Saite ganz herunterzudrücken, so entstehen die flötenartigen F l a - g e o l e t t-Töne; man unterscheidet natürliche, künstliche und unfreiwillige Flageolett-Töne. Das Schwierigste aber bleibt es immer, die leeren Saiten anzustreichen und dabei mit der linken Hand an den Wirbeln herumzudrehen. Darin üben sich die größten Künstler unausgesetzt. Sie versuchen es vor jedem Stück von neuem, sie benutzen während des Spiels jeden freien Augenblick dazu. Was sie an dieser Aufgabe so reizt, ist schwer zu sagen; vermutlich ist es eben nur die Schwierigkeit der Sache, denn der musikalische Genuß, den diese Übung gewährt, muß als sehr mäßig bezeichnet werden.

Was die Haltung des Geigers anbetrifft, so drückt er sein Instrument beim Spiel unter das Kinn, nimmt es aber unter den rechten Arm, wenn er pausiert oder wenn er sich photographieren läßt.

Dem Pianisten gegenüber ist der Violinspieler dadurch im Nachteil, daß er beim Ankauf von Noten immer die dicke Klavierstimme mitbezahlen muß. Mit Rücksicht auf weniger bemittelte Geiger haben daher

Also aufgepaßt:
1, 2, 3 – 1, 2, 3

O Tannenbaum, o Tannenbaum
wie grün sind deine Blätter

Du grünst nicht nur
zur Sommerszeit

nein auch im Winter
wenn es schneit

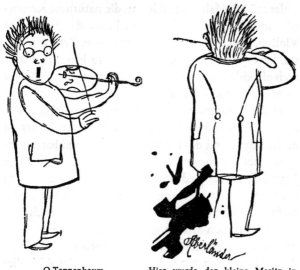

O Tannenbaum,
o Tannenbaum —

Hier wurde der kleine Moritz in
seinen Studien durch eine furchtbare
Maulschelle des Lehrers unterbrochen

Komponisten von modernem sozialen Empfinden, wie
namentlich Johann Sebastian Bach, auch Stücke für
die Violine allein geschrieben.

Mit Recht bürgert es sich immer mehr ein, daß auch
Mädchen das Violinspiel erlernen. Sie gewöhnen sich
dadurch beizeiten an männliche Begleitung. Auch wird
bei den unvermeidlichen Meinungsverschiedenheiten
darüber, welcher von beiden Spielern „geeilt" oder „ge-

schleppt" oder falsch gezählt hat, die natürliche Körper-schwäche des Weibes durch den Besitz des handlichen Violinbogens einigermaßen ausgeglichen. Zerbricht dieser, bevor eine Einigung erzielt ist, so kann die Geige auch als Schlaginstrument gehandhabt werden, wobei sie zweckmäßig am Halse ergriffen wird. Allerdings werden dann die Reparaturen kostspieliger, als wenn man sich auf die Verwendung des Bogens beschränkt. Dieser ist auch in der Hand des Lehrers ein sehr brauchbares pädagogisches Instrument, und eine derartige wehmütige Jugend-Erinnerung scheint Eichendorff vorgeschwebt zu haben, wenn es in einem seiner bekanntesten Lieder heißt: „Schlag' noch einmal den Bogen um mich . . ."

Die Virtuosen spielen gewöhnlich sogenannte Konzerte mit Orchesterbegleitung. Diese Stücke pflegen von den Komponisten mit technischen Schwierigkeiten aller Art gespickt zu werden, die weniger darauf berechnet sind, dem Zuhörer musikalischen Genuß zu bereiten, als, wenn einer das Stück spielt, den Neid und den Ehrgeiz aller anderen Geiger aufzustacheln, damit sie es auch kaufen.

In den sogenannten T u t t i stellen hält sich das Orchester für die bei der Begleitung geübte Zurückhaltung durch möglichst starkes Spiel schadlos. Der Solist benutzt die Tutti dazu, sich und seiner Geige den Schweiß abzutrocknen, das Instrument horizontal vor sich hinzuhalten und einer Besichtigung zu unterziehen, noch schnell die nächste schwere Passage zu üben und sich sodann wieder eifrig dem oben erwähnten Anstreichen der leeren Saiten und Drehen der Wirbel hinzu-

geben. Behält er dann noch Zeit übrig, so nimmt er die Photographiestellung ein.

Wenn mehrere Geiger zu gleicher Zeit verschiedene Stücke spielen, so klingt es für verwöhnte Ohren nicht sehr gut. Um diesen Übelstand zu vermeiden, hat man besondere Kompositionen für solche Fälle hergestellt, wobei in den tieferen Tonlagen größere Geigen (Bratschen und Violoncelli) benutzt werden. Spielt dann jedes Instrument seine vorgeschriebene Stimme, so hört es sich aus einiger Entfernung manchmal wie richtige Musik an. Rücksichtsvolle Menschen betreiben dies mehrstimmige Spiel nur im stillen Kämmerlein, weswegen man solche Musik auch Kammermusik nennt. Am beliebtesten sind von dieser Gattung die Streichquartette. Sie sind in der Regel mit vier Spielern ausreichend besetzt.

Ist die Geige vom vielen Spielen ermüdet, so legt man sie in den möglichst weich ausgepolsterten Violinkasten und deckt sie mit der Geigendecke warm zu. Je früher man die Geige abends zu Bett bringt, desto gesünder ist es — für die Nachbarn.

Traktat über das
Klavierspiel zu vier Händen

Die Erfindung dieser Spielweise wird wohl mit Recht den Vierhändern oder A f f e n zugeschrieben, die sie auch jetzt noch zu pflegen scheinen. Hat doch ein bekannter Berliner Klavierpädagoge ausdrücklich Stücke „für die vierhändige Jugend" herausgegeben.

Wie der berühmte Musikforscher Paul von Schönthau, lehrt, entschließt man sich zum Vierhändigspielen, wenn ein Stück für e i n e n Spieler zu schwer ist oder wenn man schneller damit zu Ende kommen möchte.

Diese Beweggründe sind aber sicher nicht die einzigen. Man bedenke z. B. nur, welche Ersparnisse es bei den hohen Preisen der Instrumente bedeutet, daß e i n

Klavier gleichzeitig von zwei Personen benutzt werden kann. Auch ist es sehr vorteilhaft, wenn man Gäste hat, die ihre Kunst zeigen wollen, auf diese Weise gleich zwei unschädlich zu machen. Da ferner der Beginn eines Klaviervortrages in der Gesellschaft eine außerordentliche Belebung des Gesprächs herbeizuführen pflegt, kommt hinzu, daß das Übertönen der Unterhaltung für zwei Spieler erheblich weniger anstrengend ist als für einen. Endlich besitzt für Verliebte und junge Ehepaare das gemeinsame Streben am Instrument zweifellos besondere Reize.

Die beiden Spieler müssen sich nun zunächst irgendwie in das Instrument t e i l e n. Es läge nahe, daß, ähnlich wie beim Schachspiel, der eine die weißen, der andere die schwarzen Tasten übernimmt. Es spielt sich aber bequemer, wenn sich der eine auf der rechten Hälfte der Klaviatur aufhält, der andere auf der linken — oder auch umgekehrt. Die vorzutragenden Stücke sind gewöhnlich so lang, daß es lohnt, sich zum Spielen niederzusetzen. Man bedient sich dazu in der Regel zweier nebeneinander gestellter Stühle. Verliebte und junge Ehepaare ziehen aus unbekannten Gründen eine sogenannte Klavierbank vor. Ist der Sitz zu niedrig, so kann man ihn durch ein Kreuz um einen halben Ton erhöhen. Genügt das nicht, so nehme man als Unterlage gute klassische Musik oder eine nicht zu alte Ausgabe von Andrees Handatlas. Beim Auflegen der Noten betone man, daß man das vorliegende Musikstück noch nie gesehen, überhaupt seit längerer Zeit keine Taste angerührt habe und gänzlich außer Übung sei.

Um Streitigkeiten zu vermeiden, sind die von jedem der beiden Spieler zu erledigenden Notenteile getrennt gedruckt und durch die italienischen Überschriften Primo und Secondo unterschieden, die wahrscheinlich Rechts und Links bedeuten. Der Platz zur Rechten ist besonders zu empfehlen, weil man dort mit der Kenntnis des ziemlich bekannten Violinschlüssels aus-

kommt, während man sich links mit dem sehr schwierigen Baßschlüssel herumschlagen muß.

Haben sich die Spieler nach längeren Verhandlungen über ihre Plätze geeinigt und die Stühle so lange hin und her gerückt, bis keiner eine Taste zu viel oder zu wenig bekommen hat, so dürfen sie keinesfalls etwa sofort zu spielen beginnen.

Vielmehr wenden sie sich jetzt der Frage zu, ob sich der Komponist vielleicht bei der, meist italienisch abgefaßten, sogenannten Tempobezeichnung etwas gedacht haben könnte. Zum mindesten sollten sie versuchen, eine Verständigung darüber herbeizuführen, ob das Stück langsam oder rasch gehe. Die Vorschrift „Presto" oder „Prestissimo" pflegt dabei durch die Worte, „Bitte aber nicht so furchtbar schnell!" wiedergegeben zu werden. Manche Forscher halten diese Übersetzung für nicht ganz genau.

Eine gewisse Beachtung verdienen sodann die v o r - g e z e i c h n e t e n K r e u z e oder B - s. Denn überempfindliche Ohren könnten immerhin dadurch verletzt werden, daß etwa in einem c-moll-Satz der eine Spieler Es und As, der andere E und A spielt. Dieser Punkt braucht aber nur bei älteren Komponisten, etwa bis 1900, berücksichtigt zu werden; bei späteren kommt es auf solche Kleinigkeiten nicht an. Über die Tonart spreche man mit Vorsicht. Man prunke lieber nicht mit Gelehrsamkeit, indem man etwa, wenn vier Kreuze vorgezeichnet sind, um seinem Spielgefährten zu imponieren, nachlässig hinwirft: „Also E-Dur!" — denn es ist dann gewöhnlich cis-moll.

Zu empfehlen ist ferner das Studium der T a k t - frage, zum Behufe eines ersprießlichen Zusammenwirkens beider Spieler auf diesem schwierigen Gebiete der Bruchrechnung. Der Unterschied zwischen $^3/_4$ und $^4/_4$ ist ja zahlenmäßig nicht so sehr erheblich, aber schließlich macht es sich doch irgendwie unangenehm bemerkbar, wenn die arithmetischen Auffassungen der beiden Musizierenden dauernd auseinandergehen. Entsteht darüber Streit, so trägt man ihn am überzeugendsten mit

Hilfe zweier handfester Logarithmentafeln aus, die entweder der Fläche nach oder wirksamer mit Ausnutzung ihrer Ecken und Kanten zu verwenden sind.

Sehr wünschenswert ist schließlich eine Einigung darüber, wer das P e d a l treten soll. Diese Tätigkeit ist bekanntlich außerordentlich wichtig, um schwierigere Stellen in ein angenehmes Halbdunkel zu hüllen, und darf deshalb nicht dem Zufall überlassen bleiben. Auch können sonst in der unterirdischen Tiefe schmerzhafte Zusammenstöße erfolgen, die die wünschenswerte Harmonie der Spieler trüben. Am besten überträgt man das Pedaltreten einem geübten Radfahrer.

Im allgemeinen wird es genügen, über die genannten Punkte eine mündliche Vereinbarung zu treffen. Sind die Spieler aber von leicht erregbarem oder streitsüchtigem Charakter, so empfiehlt sich natürlich ein schriftlicher Vertrag vor einem Notar.

Wenn alle Vorfragen befriedigend erledigt sind, so spreche man ein kurzes Gebet, zähle einen Takt vor und stürze sich dann getrost in die Wogen der Töne. Denn das Schlimmste hat man nun hinter sich. Mit dem bißchen Klavierspielen wird man leicht fertig. Wenn schon für den einzelnen Pianisten die ehrwürdige Vorschrift gilt, daß die Rechte nicht wissen soll, was die Linke tut, so trifft das für zwei natürlich in doppeltem Maße zu. Vor allem sei dringend davor gewarnt, auf das sogenannte Z u s a m m e n b l e i b e n der beiden Partner allzugroßen Wert zu legen und dadurch die künstlerische Selbständigkeit feuriger Spieler zu lähmen. Am besten ist es, wenn jeder seine Seite herunterspielt, ohne sich durch den Nachbar beirren zu lassen. Wer zuerst unten angelangt ist, wartet selbstverständlich auf den anderen — das ist einfach eine Forderung der Höflichkeit. Er gewinnt dadurch auch Zeit, das sorgfältige Umwenden des Notenblattes gehörig vorzubereiten. Es soll nicht überstürzt werden, weil das Papier sonst leicht zerreißt. Die durch das Umwenden entstehende Unterbrechung der Musik gewährt Muße zu innerer Sammlung und ist gewöhnlich auch den Zuhörern willkommen.

Zwischen den gegebenen Hauptstationen am Ende der Seiten sind in den Noten vielfach auch schon nach kürzeren Strecken Treffpunkte vorgesehen und durch große Buchstaben gekennzeichnet. Fügt es der Zufall einmal, daß beide Spieler gleichzeitig an solcher Stelle anlangen, so ist natürlich gegen einen kleinen Aufenthalt behufs festlichen Begehens dieses seltenen Ereignisses nichts einzuwenden. Hat man es aber eilig, so genügt es auch wohl, daß beide den betreffenden Buchstaben ohne Fahrtunterbrechung mit lauter, freudig bewegter Stimme gleichzeitig ausrufen.

Gewissenhafte Spieler pflegen jeden Takt mehr oder weniger vernehmlich m i t z u z ä h l e n. Dies kann als Solo oder auch als Duett ausgeführt werden. Der Vortrag gewinnt dadurch den Reiz des Melodramas.

Wenn das Zählen sich nicht bloß auf die sogenannten „guten Taktteile" beschränkt, sondern eifrig bis auf die einzelnen Viertel, Achtel und Sechzehntel durchgeführt wird, so ist es namentlich in raschen Sätzen, ein ausgezeichnetes Mittel zur Erzielung einer virtuosen

Sprechtechnik und erzeugt jedenfalls überraschende, von dem Komponisten nicht entfernt geahnte Wirkungen. Zur Verstärkung der Instrumentation kann man den Takt auch noch t r e t e n , wozu kräftige, genagelte Militärstiefel besonders geeignet sind.

Hat einer der Spieler einige Takte zu pausieren, so ist es immerhin löblicher, sie durch Zählen auszufüllen, als wenn er sie dazu benutzt, ein mitgebrachtes Butterbrot zu verzehren. Denn er wird dabei nicht nur den rechtzeitigen Einsatz versäumen — darauf käme, wie gesagt, wenig an, — sondern leicht die Noten fettig machen, die gewöhnlich geborgt sind. Außerdem läßt sich der Partner dadurch ablenken, schielt neidisch herüber und macht noch mehr Fehler, als er eigentlich beabsichtigte.

Vierhändig-Spieler, die sich an e i n e m Klavier nicht vertragen können oder sehr dick sind, tun besser, auf zwei Klavieren zu musizieren, für welchen Zweck es besondere Musikalien gibt. Hier muß man wegen der größeren Entfernung entsprechend lauter zählen. Über das Zusammenspiel soll man sich aber auch hier keine großen Sorgen machen. Man halte sich lieber an das alte Dichterwort: Wenn Menschen auseinandergeh'n, so sagen sie „Auf Wiederseh'n — am Ende der Seite!"

Das Lied vom Konzert
Frei nach Schiller

Fest sind längst schon abonnieret
Alle Plätze in dem Saal.
Heut' wird wieder musizieret,
Schon beginnt der Stimmskandal;
   Dreißig Grade schier
   Zeigt der Réaumur,
Darum muß man jeden loben,
Der benutzt die Garderoben.
   Bei jedem musikal'schen Abend
Ist laut zu plaudern der Gebrauch,
Denn sein Billett bezahlet habend,
Hat man das Recht, zu sprechen, auch.
So laßt uns jetzt mit Fleiß betrachten
Die Damen durch das Opernglas,
Den schlechten Mann muß man verachten,
Der ins Konzert geht ohne das;
Das sind ja der Konzerte Würzen,
Weshalb man sich versammelt hat,

Um ein'ge Stunden zu verkürzen;
Bloß von Musik wird man nicht satt.

Nimm vom Hühnerei das Gelbe,
Rühre Zuckerkand darin,
Damit süßlich sei dasselbe
Deinem Hals, o Sängerin;

Gieße, eins — zwei — drei,
Diesen gelben Brei
Durch des Gaumens weite Höhle
In das Innere der Kehle.

Was in des Hühnerstalles Enge
Ein Huhn gelegt mit Ach und Weh,

Entzücken wird es bald die Menge
In Form des dreigestrichnen C,
Wird sich der Hörerschaft bemeistern
Und rühren mancher Menschen Ohr,
Wird manchen Kritiker begeistern,
Das Huhn kann freilich nichts davor;
Ganz anders war ja dessen Streben,
Ach, aus der Säng'rin Stimme singt

Ein hingemordet Hühnerleben,
Daß es erbaulich weiterklingt!
　　Weiße Handschuh' seh' ich klatschen;
　　Wohl! die Massen sind im Fluß;
　　Wenn sie in die Hände patschen,
　　Ist's ein Zeichen von Genuß;
　　Donnernd durch den Saal
　　Tönt's mit einem Mal,
　　Wälzen sich gleich Strömen Lava
　　Die da capo und die Brava.

Auf diesen ihr gewohnten Klang hin
Naht sich die Säng'rin feuchten Blicks;
Die Huldigung nimmt sie mit Dank hin
In einem einstudierten Knix.
Ihr ruhn ja nicht im Zeitenschoße
Die schwarzen und die heitern Lose,
 Denn jene Herrn im dunklen Fracke
Gehören zur bezahlten Claque.

   Da reißt sich stolz zur Balustrade
   Ein Herr mit langem Haare schnell
   Und klemmt sich an die Künstlerwade
   Ein mächtiges Violoncell.
Und wie von Stimmen der Kamönen,
Wie ein Gebild aus Himmelshöh'n,
Die duftigste der Cantilenen
Hört man nunmehr von statten gehn.
Doch was er hier in dem Adagio
Dem Auditorium geschenkt,
Dafür wird doppelt und mit Agio
Das Publikum nachher gekränkt;
Denn der noch erst auf seinem Cello
So sanft den Bogen hat geführt,
Als wildgewordener Othello
Sich auf dem Instrument geriert.
O, zarte Seelen der Artisten,
Daß ihr doch stets mit Technik prunkt!
Wo findet man noch den Cellisten,
Der menschlich denkt in diesem Punkt?
O, daß sie sich beherrschen könnten
Auf ihren Saiteninstrumenten!

Wie sich schon die Pfeifer regen!
Dieses Stäbchen gibt den Takt;
Soll's sich mit Erfolg bewegen,
Muß die Stimmung sein exakt.
    Jetzt, Musikgesell,
    Prüf noch einmal schnell,
    Ob die Saiten auf den Geigen
    Gute Intervalle zeigen.
Denn wenn Obo'n und Klarinetten
Stets richtige Verwendung hätten,

Da wär' die Wirkung ganz süperb;
Drum prüfe wer instrumentieret,
Ob er sich nicht verkalkulieret,
Der Wahn ist kurz, der Mißton herb!
Lieblich klingen oft die Flöten,
Ja, zuweilen göttlich fast

(Manchmal hätten die Trompeten
Besser an den Platz gepaßt);
Spielen mal die Klarinetten
Richtig und die Geigen vorn,
Zehn ist gegen eins zu wetten,
Daß ein Knix kommt auf dem Horn.

Der Ton, er verfliegt,
Die Wirkung muß bleiben,
Der Stoff, er versiegt,
Die Kritik, sie muß schreiben.
Der Mann muß hinaus
In alle Konzerte,
Mit kritischer Härte
Verdammen das Schaffen
Von Liszten und Raffen,
Muß Wagners Walküren
Zu Staub rezensieren.

Da strömen unendliche Melodien,
Es füllt sich sein Ohr mit Disharmonien,
Die Musik wächst ihm schließlich zum Hals hinaus.

Und drinnen im Zimmer,
Am tüchtigen Schreibtisch
Skizziert er den Eindruck,
Den er erhalten,
In mehreren Spalten
Und bringt zu Papiere
Bedeutend Geschmiere,
Im Feuilletonstil,

Und zeigt mit Geschick in seiner Kritik
Des Werkes gedankliche Dürftigkeitsblöße,
Und des Kontrapunktes gewalt'ge Verstöße,
Und wie er die Stimmführung mangelhaft finde,
Und wie er's (der Schreiber) weit besser verstünde
Und streift von dem Autor
Den Glanz und den Schimmer,
Und ruhet nimmer,
   Und der Autor mit gierigem Blick
In der Musikzeitung weitem Gebiete
Spähet nach seines Werkes Kritik.
Ach, nur zu bald die famose Bescherung,
Des Rezensenten wohlweise Belehrung
Findet er da in dem Feuilletone;
Aber dem hämischen Neider zum Hohne
Rühmt er mit stolzem Mund:
Fest wie der Erde Grund,
Gegen dergleichen Leut'
Steht mir das Haus in Bayreuth!
Doch was hilft's, daß wohlgelungen
Auch der Ring des Nibelungen,
Wenn der Parsifal mißlingt?
   Horch! Ein Solo wird vollführet,
   Schon naht der Klaviervirtuos';
   Während er noch präludieret,
   Betet ein Gebet des Stoß'.
     Seht, er holt schon aus,
     Gott bewahr' das Haus!
   Ha! Jetzt haut er los auf Steinway'n,
   Ohn' Erbarmen, ohne Einsehn.

Wohltätig sind die Hände dann,
Solang' der Mensch nicht spielen kann:
Läßt er sie still im Schoße ruhn,
Nie werden sie was Böses tun.
Doch furchtbar Schicksal uns bedrängt,
Wenn Technik sich dazwischenmengt,
Einhertritt auf der eignen Spur
Die Tochter der Klaviatur!
Wehe, wenn sie losgelassen,
Sich aufs Donnernde verlegt,
Und mit wucht'ger Schläge Massen
Ein Klavier zum Krüppel schlägt!
Denn vernünft'ge Menschen hassen
Den, der so zu pauken pflegt. —
Von dem Flügel
Strömen Töne,
Wunderschöne;

Von dem Flügel manchesmal
Kommt Skandal.
Hört ihr's wettern dort, so wißt,
Das ist Liszt!
Rot wie Blut
Ist seine Backe.
Jetzt gerät er schon in Wut,
Welch Geknacke!
Jetzt hinauf
Kommt ein Lauf,
Abwärts im Moment, im nächsten,
Im Fortissimo in Sexten,
Von den Fingern, den behexten.
Kochend wie aus Ofens Rachen,
Glüh'n die Tasten, Hämmer krachen,
Pfoten stürzen, Saiten klirren,
Späne fliegen, Noten schwirren;

Zwischen Trümmern,
Ohn' Bekümmern,
Fuchteln hin und her die Patschen,
Meist in Skalen in chromat'schen;
Durch der Hände lange Kette,
Um die Wette,
Flieget aufwärts eine Horde
Falsch gegriffener Akkorde
Bis hinauf in den Diskant;
Prasselnd fällt die dürre Hand
Jetzt zugleich in alle Ecken,
Grad' als sollt' sie Tote wecken;
Und als wollten sie im Rasen
Mitten durch das Instrument
Reißen die gewalt'gen Händ',
Wird die Schlußpassag' vollführt,
Riesengroß!

Hoffnungslos
Sieht der Hörer seine Ohnmacht
Gegenüber solcher Tonmacht
Und bewundert resigniert.
  Ganz kaputt
Ist der Flügel,
Nur ein wüster Trümmerhügel;
Mit den einstmals prächt'gen Klängen
Ist es aus,
Und zeriss'ne Saiten hängen
Weit hinaus.
  Einen Blick
Dem schonungslosen
Virtuosen
Sendet noch der Mensch zurück,
Greift fröhlich dann zu seiner Watte,
Falls er die im Ohre hatte;

Wie sehr es auch um ihn getobt,
Den süßen Trost hat sein Gewissen:
Das Trommelfell ist nicht gerissen,
Gott sei gepriesen und gelobt!

Horch! Jetzt muß der Geiger kommen.
Schon wird's ringsum mäuschenstill,
Wird's auch schön zutage kommen,
Was er vor uns geigen will?

Wenn ein Griff mißlingt,
Wenn die Quinte springt?
Ach, wie leicht kommt solch' Misere
Einem Geiger in die Quere!

In dunkel ahnungsvoller Weise
Umgibt uns das Präludium
Verschnörkeltes Mysterium;
Bald wälzet um uns her im Kreise
Ein Fugenthema sich herum.

Noch köstlicher benutzt der Kluge
Indessen solchen Ohrenschmaus
Und schleicht bei einer Geigenfuge
Geräuschlos zum Büfett hinaus. —
    Von dem Podium
Ernst und bang
Tönt vierstimm'ger
Männersang.

Ernstlich bringet uns in Rührung
Ihrer Stimmritzen Vibrierung.
    Ach, die Mörd'rin des Vergnügens,
Ach, es ist die Langeweile,
Womit jene vier Heroen
Unsre Nerven jetzt bedrohen,
Unsrer zarten Nerven Schar,
Die so hart geprüft schon war

Von den Künstlern, den bewußten,
Welche sie genießen mußten.
Ach, des Hauses stärk're Bande
Ist ins Freie schon entflohn,
Und die Leute von Verstande
Pfeifen nach der Droschke schon.
Doppelt sind die Preise später
Für dieselben nach elf Uhr,
Und man findet trotz Gezeter
Von dem Wächter keine Spur. —

Wer sich noch nicht abgekühlet,
Stelle sich nicht in den Zug.
Zwar wird drinnen fortgespielet,
Doch für heute sei's genug.

Was auch komme noch,
Woll'n wir gerne doch

Fernerem Genuß entsagen;
Mögen die sich weiter plagen!
Munter fördert seine Beine
Vom Konzertsaal weg der Wandrer
Nach dem Biere oder Weine,
Je nachdem er es gewohnt ist;
Und der Stammgäst'
Breitgestirnte, durst'ge Scharen
Kommen lechzend
Und nach frischem Trunke krächzend.
Schwer herein
Schwankt manch wüster
Bierphilister;
Bunte Tropfen,

Schwer von Hopfen,
Wünscht der Mann,
Und ein köstlich frisches Achtel
Sticht man an.
Markt und Straße werden stiller;
Um den angestammten Kneiptisch
Sammeln sich gesell'ge Kreise,
Und die Billards hört man knarren.
Schwarz bedecket
Sich die Erde;
Doch den sichern Bürger schrecket
Nicht die Nacht,
Der im Paletot entdecket,
Daß er seinen Schlüssel mitgebracht.
    Heilig wonnige Momente,
Wer euch stets genießen könnte!
Wenn man, satt gehört sich habend,
Sich am braunen Tranke labend,
Als Finale des Genusses
Mittelst eines Fidibusses
Sich sowohl in richt'ge Stimmung,
Als den Stummel setzt in Glimmung,
Und, wie es der Brauch erfordert,
Über das Gehörte koddert.
    Tausend Künstlerhänd' bewegen,
Helfen sich in muntrem Chor,
Und wie Pilze nach dem Regen
Schießen die Konzert' empor.
Aller End und aller Ecken
Musiziert's unisono,

Und man spielt im kleinsten Flecken
Symphonie'n von Berlioz.

Machen wir uns drob auch lustig,
Daß man dies und das verhunz',
Ziert den Künstler die Akustik,
Zieret die Satire uns.
   Holder Friede,
Süße Eintracht,
Weilet, weilet

Freundlich über dem Gespräch;
Möge kein Moment erscheinen,
Wo die Meinungsdifferenzen
Allzu laut den Raum durchtoben,
Wo im Geiste,
Den die süße Milch der Denkart
Sonst verklärt,
Einer andern Denkungsweise
Saurer Essig schrecklich gärt!
   Nun besprecht mir das Gehörte
   In der Absicht, daß das Bild
   Von dem heutigen Konzerte
   Nochmals vor die Seele quillt.
     Redet fort und fort,
     Bis die Zunge dorrt;
   Erst durch tüchtige Debatten
   Schwinden letzter Zweifel Schatten.
Der Meister kann die Form besprechen
Mit Kenntnis und mit Sachverstand,
Doch wehe, wenn sich will erfrechen
Zu gleichem Recht der Dilettant!
Blindwütend speit er aus dem Munde
Den Blödsinn aus mit Dampfeskraft;
In einsichtsvoller Tafelrunde
Blamiert er sich meist fabelhaft.
Zu lauschen solchen Redefluten,
Ist keinem Menschen zuzumuten;
Wenn jeder Lump will reden drein,
Da kann die Wohlfahrt nicht gedeihn.
   Wehe, wenn Geschmacksvollendung

Noch im Menschen nicht gereift,
Und wenn der Laie in Verblendung
Zu Kunstausdrücken schrecklich greift!
Da zerret er aus dem Gehirne
Die halbverstand'nen Phrasen 'raus
Und bietet sie mit frecher Stirne
Als kritische Ästhetik aus.

    Von Orgelfugen und Gavotten,
Von doppeltem Kontrapunkt redet er frech,
Von Baßklarinetten und Kontrafagotten
Und mehr noch von dergleichen Blech.

Da wird die Tonkunst zur Hyäne,
Die Leichen aus den Gräbern zieht,
Und nach Cayenne wünscht man jene,
Allwo die Pfefferstaude blüht.

Nichts Heiliges kommt mehr in Frage
Bei Dilettanten unsrer Zeit,
Vernunft wird Unsinn, Wohltat Plage,
Weh euch, dieweil ihr Enkel seid!
Gefährlich ist's, den Leu zu wecken,
Als furchtbar ist der Wolf bekannt,
Jedoch der schrecklichste der Schrecken
Ist so ein dummer Dilettant!
Weh denen, welche einem jeden
Bereit sind, ihr Gehör zu leihn,
Seid dessen sicher, man wird reden
Euch Löcher in den Kopf hinein. —
    Freude hat mir Gott gegeben!
    Sehet, die zu später Stund
    Kennen lernten sich soeben,
    Gründen schnell noch einen Bund;
        Denn nach deutschem Brauch
        Halten diese auch
    Jeden Abend für verloren,
    Welcher keinen Klub geboren.
    In den Verein,
Ihr Tischgenossen, tretet ein!
Wir wollen ihn gleich taufend weihn:
„Concordia" dürfte passend sein;
Zur Eintracht, zum herzinnigen Verbande
Umfaß' er Leute aus dem Künstlerstande
    Und dies sei fortan der Beruf,
Wozu man den Verein erschuf:
Hoch über seinem Alltagsleben,
Damit die Ordnung sich erhält,

Soll über ihm ein Ausschuß schweben
Und ein Kassierer für das Geld,
Soll haben einen ersten Präses
Und einen Vice attachiert,
Im Falle jenem etwas Böses
Zustoßen sollt', wie leicht passiert.
Nur ewigen und ernsten Dingen
Der Klub die Kräfte widmen soll,
Und daß er solches kann vollbringen,
Führ' er stets pünktlich Protokoll.
Die Kasse mach' ihm keine Schande;
Selbst herzlos, ohne Mitgefühl,
Hängt doch an ihrem Tatbestande
Des Bundes Wesen, Zweck und Ziel.
Und wie es jedem Ding zu eigen,
Daß es am Ende doch verwest,
So mög' auch er sich baldigst zeigen,
In Wohlgefallen aufgelöst!
   Jetzo deine Macht, o Präses,
   Dem Vereine zeige du;
   Rede kurz, kräft'ge Theses,
   Doch vor allem schaffe Ruh';
      Diese Glocke hier,
      Wack'rer Präses, dir
   Das Silentium bedeute!
   Friede sei ihr erst Geläute!

Die Geschichte vom
militärischen Ständchen

Sechzigster Geburtstag des Regimentskommandeurs.
Morgens sechs Uhr. Die Regimentskapelle unter Obermusikmeister Stühmer hat vor der Villa Reitzenstein
Aufstellung genommen. Die Messinginstrumente sind
auf Hochglanz poliert. Mit dem Schlag der Garnisons-
kirche schmettert auch die Kapelle los. Kurz darauf be-
tritt der Herr Oberst mit Gemahlin den Balkon.

Herr Oberst sind natürlich von dem Ständchen unter-
richtet. Herr Oberst sind auch instruiert, warum die
Musik bläst: „Schier dreißig Jahre bist du alt!" Sie
bläst es nämlich zweimal, dann sind es sechzig. Famose
Idee. Jottvoll.

79

„57 Sandwichs mit dito Töppen Bier für die Leute in den Jarten!" weist der Oberst befriedigt die Ordonnanz an. „Und den Herrn Obermusikmeister auf ein Jlas Sherry in den Salong!"

„Jroßartig, Obermusikmeisterchen!" sagt der Oberst. „Alles janz prima! Na prost! Aber sajens mal: stehen da doch zween Knaben mit so komischen Tröten, an denen manipuliert wird, halbrechts im zweiten Jlied. Sehn Se denn das nich, mein lieber Obermusikmeister? Ick hab meinen Aujen nich jetraut: schiebt der eene die Röhre auf sich zu, läßt der andre jrade los! Ick vastehe janisch davon, aber det eene is doch klar: det muß ruck-zuck jehen!"

„Verzeihen Herr Oberst, aber das eine ist eine Tenor- und das andere eine Alt-Posaune . . ."

„Also denn koofen Se ne neue — so jeht det jedenfalls nich! Ick jloobe, die Herren Obermusikmeister sind da etwas zu lasch. Morjen steht die Kapelle in drei Jliedern punkt acht Uhr uff dem Kasernenhof! Höchste Zeit, daß ick mir mal selbst drum kümmere."

Am nächsten Morgen steht die Kapelle wie befohlen. Der Kommandeur bedankt sich mit einigen gutgemeinten Worten für den gestrigen Genuß, er wolle nun aber selbst mal undsoweiter undsoweiter.

„Erstes Jlied: rrrechts ummm!" kommandiert der Oberst.

Das erste Glied sind die Flöten, Es-Klarinetten, hohe Trompeten, eben alles, was Melodie spielt. Das macht also rechts um.

„Den Radetzky-Marsch! Erstes Jlied: marrrsch!"

kommandiert der Oberst. Das erste Glied marschiert, tadellos melodieblasend, ab.

„Tadellos, det erste Jlied!" konstatiert der Oberst. „Zweites Jlied: rrechts ummm! Zweites Jlied: marrrsch!"

Das zweite Glied besteht aus Fagotten, Bombardon, Baßtrompeten, großer Trommel etc. Die machen auf jeden linken Schritt tadellos „wumm" und entschwinden ebenfalls.

„Ooch jut", sagte der Oberst verblüfft. „Na wolln mal weitersehen!" Und dann fortissimo: „Drittes Jlied: marrrsch!"

Das dritte Glied besteht aus Oboen, Hörnern, Tuben und ähnlichen Füllstimmen, deren Hauptaufgabe bei Märschen darin besteht, die Lücken zwischen Melodie und Baß sinngemäß auszufüllen und die schwachen Taktteile mit sogenannten Nachschlägen zu versehen. Allein für sich gespielt, ergeben sie einen recht fragwürdigen Effekt.

„Na da haben wir ja die Bescherung", triumphiert der Oberst. „Hören Se det denn nich, Herr Obermusikmeister? Det sind die Schweinehunde, die müssen raus! Und wat ist denn mit dem da hinten, mit seiner Lyra? Der tut ja jarnischt . . ."

„Verzeihung, Herr Oberst, der Mann hat tacet . . ."

„Wat heeßt hier Tacet? Wenn der Kerl krank is, muß er uffs Revier, aber nich beschäftijungslos hinterdreinlatschen! Na, jetzt wissen Se ja Bescheid, Obermusikmeister. Morjen!"

Da schüttelts einen!

Streichquartett
Im Kämmerlein muß walten still,
Wer ein Quartett gestalten will.

Musica viva

Wer durchaus Wirkung sucht mit krassen Mitteln,
Soll sich nicht wundern, wenn die Massen kritteln.

Die Sopranistin

Zwar fleischlich um den Busen hängt die Fülle,
Doch stimmlich innen nichts umfängt die Hülle.

Der Bariton

Ein Bariton soll hohe Lagen meiden,
Sonst kriegt das Publikum ein Magenleiden.

Der Kirchenchor-Tenor

Das Lied ist ihm nicht sehr gelungen,
Er hat die Kirche leer gesungen.
Deswegen gibt der Weise Lieder,
Die er nicht kann, nur leise wieder.

Die höhere Tochter

Bei ihr kommt zu der Sporte vielen
Noch das Pianoforte-Spielen.

Der beglückte Komponist

Vom Liebesglück die Lieder mein,
Die spannen dir das Miederlein.

Der berühmte Musik-Schüttel-Reim

Bei manchem Stück von Richard Strauß
Bringt man nur schwer die Strichart raus.

Jazz

Statt Jazz zu spielen, Negerreigen
Lern' Dich vor Bach und Reger neigen.

Der Hörer

Sowie der Hausherr nach der Geige faßt,
Da wendet sich zur Flucht der feige Gast.
Er rollt die Augen wie Othello schon,
Doch da erklingt bereits der erste Celloton.

Die Bratsche

Wie fein der Mann es mit der Bratsche machte,
Als er die Skala, die chromat'sche, brachte.

Die Flöte

Man hörte oft den großen Goethe flehn,
Man mög' ihm aus dem Wege mit der Flöte gehn.
Doch liebt man auf der Flöte meist die schönen Triller,
Die auf der Klarinette freilich tönen schriller.

Coda

Professor Kalauer, wie wir ihn auf dem Einband dieses Buches so treffend konterfeit sehen, ist eine Erfindung von Osmin, und den gibts auch nicht: Osmin ist ein Anagramm für Simon (Professor Dr. Heinrich Simon), den Verfasser des „Musiklexikon von Professor K. Lauer", das erstmals im Jahre 1892 in Berlin bei Ries und Erler erschien. Es hat mehrere veränderte und erweiterte Auflagen erlebt, aus denen wir ferner die beiden Stücke über die Geige und das Vierhändigspielen entnehmen. Im Lexikon selbst haben wir Anspielungen, die heute nicht mehr allgemein verständlich sind, gestrichen und auch einige Kalauer, die uns ungenießbar erschienen, getilgt.

Der Begriff Kalauer ist gewissermaßen schon selber ein Kalauer, denn ursprünglich heißt diese Witzform ein Calembourg. Sie wurde seit dem 18. Jahrhundert, besonders in Frankreich, bewußt gepflegt, wo sie durch einen witzigen Apotheker dieses Namens (nach anderen durch einen radebrechenden deutschen Grafen Calemberg) in Mode gekommen sein soll. Als Gattung ist sie aber schon bei Shakespeare und so immer weiter zurück anzutreffen, als eine niedere Art alberner Wortspielerei. Heute wäre der Kalauer schlechtweg als derjenige Witz zu definieren, dessen Pointen man unbedingt mit „au!" quittiert.

Es mag daher die Frage aufgeworfen werden, warum wir diesen „Kohl" wieder aufwärmen? Aber er hat Generationen von Musikliebhabern solchen Spaß bereitet, daß er noch heute in Gesprächen spukt; denn zu haben ist Professor Kalauer schon lange nicht mehr. Außerdem war es dem Verfasser des „Stillvergnügten Streichquartetts" interessant, daß der dort abgedruckte Aufsatz „Auf Wiedersehn bei der Fermate" von Ledermann eigentlich kein Originalhumor ist, sondern auf Professor Kalauer beruht! So geben wir diesen denn die Ehre einer Neu- und Prachtausgabe.

Die Glockeparodie „Das Lied vom Konzert" stammt von Alexander Moszkowski (dem Bruder des bekannten Unterhaltungskomponisten Moritz), der als Redakteur der „Lustigen Blätter" demselben Berliner Kalauerkreis angehörte. Sie steht in „Anton Notenquetscher" (nach der Auflage 1875) und ist gleichfalls schwer zugänglich, da die meisten einschlägigen Bibliotheken sich zu erhaben dünken, derlei Albernheiten zu sammeln. Aber solche Scherze beweisen doch gerade eine lebendige Musikverbundenheit; und da die Musikliteratur zwar reich ist an profunden Werken, aber arm an solchen, die eine harmlose Musiziergeselligkeit spiegeln, bemühen wir uns gerade um diese Spielart.

Die Sache mit dem Ständchen hat uns der genannte Stühmer oft nach dem Quartettabend aufs überwältigendste vorgemacht, vorgespielt gewissermaßen; schriftlich tut sie nur die halbe Wirkung. Wir wollten sie aber doch — auch unserem verstorbenen Freunde zum Angedenken — festhalten. Die Schüttelreime sind nach unserem Sprechgebrauch aufgeschrieben; sie finden sich zum Teil ähnlich in „Aus dem Ärmel geschüttelt" (im Engelhorn-Verlag). Die letzten fünf dichtete Georg Pötschke.

Die Zeichnungen sind aus allen möglichen Büchern zusammengetragen. Aus dem „Originalkalauer" stammt nur das Porträt; die Titelvignette sowie die Abbildungen Seite 33, 38, 39, 47, 57, 61, 72 sind von Oberländer, die auf Seite 51, 64, 65, 66, 67 von Busch. Wir sind unserem Kollegen Dr. Schneider (Braun & Schneider Verlag München), der die Rechte dafür innehat, besonders verbunden, daß wir diese Prachtstücke (und noch einige aus den „Fliegenden" dazu: Seite 42, 74, 86) benützen durften. Mehreres fand sich bei Karl Storck, „Musik und Musiker in Karikatur und Satire" (Oldenbourg 1910), der seinerseits die Quellen angibt; S. 5 ist Pocci, S. 59 und 85 von R. Toepffer; das übrige ist dem Heimeranschen Archiv entnommen.

Für die „Notenbeilage", die sich zu einer eigenen Publikation erweitern ließe, hat unser alter Quartettfreund Bruno Aulich beigesteuert, damit auch einmal dieses unter Musikern heimische Gaudium sozusagen aktenkundig werde.   Dr. E. H.

Noten-Beilage

Franz Liszt:
Ungarische Rhapsodie № 2.

Felix Mendelssohn
Violinkonzert e moll, op. 64

Con Spirito

Musikeranekdoten aus dem 20. Jahrhundert

Gesammelt und herausgegeben

von Paul Feiler

128 Seiten mit vielen Karikaturen

Kapriziöse Primadonnen und empfindliche Dirigenten, witzige Pianisten und bissige Geiger geben sich ein Stelldichein im Bändchen „Con spirito". Das ist eine Anekdotensammlung besonderer Art: Sie ist den Musikern vorbehalten, den produzierenden und den interpretierenden, und zwar nur den Künstlern unseres Jahrhunderts.

Mannheimer Morgen

BEI HEIMERAN